Signé : F. de Saulcy.

RECHERCHES

SUR

L'ÉCRITURE CUNÉIFORME

ASSYRIENNE.

INSCRIPTIONS DE VAN.

BIBLIOTHÈQUE NATIONALE
R.F.
IMPRIMÉS

PARIS,

TYPOGRAPHIE DE FIRMIN DIDOT FRÈRES,

IMPRIMEURS DE L'INSTITUT,

RUE JACOB, 56.

1848.

5318

LETTRES

A M. EUGÈNE BURNOUF,

MEMBRE DE L'INSTITUT.

I.

FRAGMENTS GÉNÉALOGIQUES D'UNE DYNASTIE ROYALE QUI A POSSÉDÉ LE PAYS ET LE CHATEAU DE VAN.

Mon cher ami,

Le résultat que l'on obtient d'abord, en s'occupant du déchiffrement de la troisième écriture cunéiforme, dite écriture assyrienne, est, vous le savez à merveille, la certitude de l'emploi constant d'un clou vertical isolé, placé comme indice en tête des noms de rois, et probablement de tous les noms propres. L'examen le plus superficiel des inscriptions trilingues appartenant à la dynastie des Achéménides rend ce fait manifeste. De plus, parmi ces inscriptions, celles qui sont relatives à Darius indiquent, sans mot intermédiaire, la filiation de ce prince, en plaçant à la suite de son nom le nom de son père Hystaspe. Celles qui regardent Xerxès, fils de Darius, portent simplement les noms de Xerxès et de Darius juxtaposés, de telle sorte qu'il reste évident que la filiation du roi régnant est indiquée par la simple adjonction du nom de son père à la suite du sien. Il me semble que ces deux principes peuvent et doivent s'appliquer de même aux rois antérieurs, et que si nous trouvons dans les inscriptions assyriennes, plus anciennes que celles des Achéménides, des noms de personnages juxtaposés, et distingués par l'indice ordinaire, c'est-à-dire, par le clou vertical tourné la pointe en bas, et placé en tête des deux noms, nous sommes en droit de conclure qu'il est tout au moins question de deux personnages liés entre eux par les liens de la paternité, et de façon que le premier nommé soit le fils, tandis que le second nommé sera le père. Si, de plus, l'ensemble de deux noms identiques et coordonnés de la sorte, se rencontre sur un assez grand nombre de monuments différents, il y aura lieu de croire, ce me semble, qu'il ne s'agit plus d'obscurs personnages dont l'existence resterait fort peu importante à reconnaître, mais bien de personnages royaux, dont, au contraire, il devient très-intéressant de constater la filiation. Si, enfin, en dépouillant un grand nombre de textes différents, placés dans une localité qui présente des traces non équivoques de l'existence d'un palais somptueux, très-probablement habité par une série de rois, on rencontre une suite non interrompue de personnages qu'on rattache tous les uns aux autres par les liens de la paternité, on sera, je pense, en droit d'affirmer qu'on a reconstruit un lambeau généalogique d'une dynastie royale.

Vous allez voir, mon cher ami, que toutes ces considérations s'appliquent, sans la moindre restriction, aux inscriptions assyriennes recueillies par Schulz sur les bords du lac de Van, et publiées par les soins de la Société asiatique. (Nos d'avril-mai-juin 1840.)

Chacun sait que le courageux voyageur est parvenu à réunir une série de quarante-deux inscriptions cunéiformes, dont quarante seulement appartiennent à l'écriture dite assyrienne. Les deux autres font partie d'une inscription trilingue du règne de Xerxès, également ciselée sur le rocher de Van, et appartenant, l'une au système cunéiforme persan, l'autre au système considéré comme médique.

La première recherche à laquelle j'ai cru devoir me livrer, en m'occupant exclusivement de l'analyse de ces textes précieux, a été celle des noms propres qu'ils contenaient. J'étais poussé par l'espoir de rencontrer des noms royaux, et cet espoir n'a pas été déçu; c'est du moins ce que je vais essayer d'établir. Le dépouillement de ces quarante inscriptions, opéré la plume à la main, et avec un soin minutieux, m'a fait reconnaître une série de couples de noms appartenant à des personnages liés entre eux par les liens du sang, et qui ne peuvent être que des personnages royaux, puisqu'ils se retrouvent sur des monuments placés en des localités très-diverses, et que s'il s'agissait de personnages obscurs, ces noms ne devraient vraisemblablement se retrouver que deux par deux, et dans une seule et même localité. Tous ces noms présentent de nombreuses variantes que j'ai scrupuleusement recueillies, et tous sont terminés par un signe presque aussi caractéristique, à mon avis, que le clou vertical qui précède les noms royaux. Ce signe se compose de quatre petits clous, l'un placé horizontalement, la pointe à droite, devant trois clous de même dimension, mais inclinés parallèlement de gauche à droite. Toutefois, je ne prétends pas établir, dès à présent, que ce signe final soit une sigle conventionnelle imprononçable. Ce n'est pas tout encore : tous ces noms, avant le signe final dont je viens de parler, et lorsqu'ils sont au second rang, sont invariablement terminés par un groupe de deux lettres, de valeur connue, et qui peuvent se lire KN. Il ne me paraît pas possible de méconnaître dans ce groupe, qui n'est pas inhérent au nom du personnage, puisqu'il est toujours supprimé, lorsque le nom est placé au premier rang, une désinence, indice de la filiation ou seulement du génitif. Il est donc nécessaire, lorsqu'on veut se rendre compte de la teneur de l'un de ces noms royaux, de faire préalablement abstraction de la syllabe finale, qui n'est évidemment pas partie intégrante du nom cherché.

Revenons aux rois des inscriptions de Van.

Comme tous les princes dont les noms sont fournis par les quarante inscriptions de Schulz, sont le plus souvent désignés par leur nom suivi du nom de leur père, on voit que rien n'est plus simple que d'obtenir la construction d'un arbre généalogique qui nous représente un fragment important de canon royal. En procédant de la sorte, je suis très-aisément parvenu à établir une liste de rois, au nombre de dix, qui ont successivement occupé le trône par droit d'héritage.

Toutefois il se présente dans la rédaction de cette liste généalogique quelques faits dont il est indispensable de tenir compte. Dans les mêmes inscriptions, je trouve deux rois distincts, dont le nom commence par la même syllabe. Tous deux commencent par le mot SAR; au cas oblique, les deux noms finissent par la syllabe KAN, et les deux personnages que ces noms désignent sont fils du même père. Ce qui est plus étrange, c'èst que tous deux ont pour fils un prince du même nom. Examinons les différentes hypothèses qui nous sont suggérées par ces faits matériels. Ou bien deux frères, fils d'un même père, lui ont succédé simultanément; ou bien le même prince a porté deux noms distincts, sous lesquels il était indifféremment désigné. Dans ce cas, la double filiation du roi qui leur a succédé devient chose toute simple et toute naturelle. Dans le premier cas, deux frères régnant ensemble ont eu chacun un fils du même nom, et ces deux fils ont tous les deux occupé le trône. Je l'avoue, cette deuxième hypothèse me semble assez peu satisfaisante. Ou bien, enfin, de deux frères ayant régné simultanément, l'un seulement a eu un fils qui leur a succédé sur le trône, et qui, ayant été adopté par son oncle, aura régné indifféremment comme successeur de l'un ou de l'autre, plutôt que comme fils. Quoi qu'il en soit, comme il n'est pas permis de résoudre les énigmes historiques avec des hypothèses plus ou moins plausibles, j'ai dû me borner à reconstruire le lambeau généalogique suivant, sur lequel je reviendrai tout à l'heure.

A peu de distance de Van, se trouve, dans la chaîne de collines nommée le Zemzem-Dagh, un rocher qui a reçu le nom d'Akkirpi (le hérisson blanc). Sur le sommet de ce rocher est gravée une énorme inscription que les habitants du pays désignent sous le nom de Meher-Kapoussi, ou porte du soleil. Ce lieu est pour les Musulmans comme pour les Arméniens un but de pèlerinage très-vénéré. Or, l'inscription du Meher-Kapoussi contient en plusieurs passages quatre noms royaux juxtaposés sans interruption, et de telle sorte qu'il est assez naturel d'y voir l'énumération de quatre personnages qui ont occupé le trône de père en fils.

Mais ici se présente une sérieuse difficulté : le dernier nom de cette série de quatre rois est identique avec le troisième du lambeau généalogique extrait des autres monuments de Van et des environs ; le troisième nom est identique avec le septième et avec le neuvième de la première série. Le deuxième est identique avec le quatrième de cette première série ; et le premier est identique avec le troisième de cette première liste. Ces faits ne peuvent encore s'expliquer que dans deux hypothèses différentes. Ou bien le roi qui a fait graver l'inscription de Meher-Kapoussi, est le fils du neuvième roi de la première série, et après avoir nommé son père, il s'est contenté de citer parmi ses ascendants deux autres rois de la généalogie fournie par les inscriptions de Van ; ou bien nous avons un nouveau lambeau généalogique qui se rattache au premier par l'identification du premier roi de l'un avec le troisième de l'autre. Cela n'est nullement impossible, vu la réapparition des noms manifestés dans le premier fragment de généalogie. S'il en est ainsi, nous avons une série non interrompue de treize rois ; s'il en est autrement, nous avons toujours un roi de plus à inscrire à la suite des rois déjà classés à l'aide des monuments de Van. Je n'hésite pas à adopter cette dernière hypothèse, parce que les quatre rois de Meher-Kapoussi sont accouplés deux à deux, et de telle sorte que le second et le quatrième seuls sont terminés par la syllabe KN, indice du génitif.

Il ne me reste plus maintenant qu'à faire une tentative à laquelle d'ailleurs je n'attache pas une grande importance, et qui aurait pour but de rapprocher, tant bien que mal, quelques-uns des noms royaux que j'ai coordonnés, de noms inscrits dans la liste des rois de Chaldée, rapportée par Ptolémée.

Chacun sait que la dynastie assyrienne commence par Salmanasar ou Ναβονασαρ, auquel ont succédé, par ordre chronologique,

Ναβιος,
Χινζηρος καὶ Πυρρος (aliàs Πωρος),
Ιλουλαιος,
etc., etc.

Ici se présente une question. Résulte-t-il du texte grec que Khinzerus et Pyrus ont régné simultanément, ou que ces deux noms ne désignaient qu'un seul et même personnage? Dans ce cas, le texte aurait dû, ce me semble, porter l'article ὁ avant la conjonction καὶ. Mais cet article peut fort bien avoir échappé à un copiste, et dès lors une erreur a pu se propager aisément de siècle en siècle.

Or notre fragment généalogique nous donne pour la cinquième génération deux noms désignant deux princes fils d'un même roi, ou bien un même prince connu sous deux noms différents. Voyons quels sont ces deux noms. Le premier est

et le deuxième

Mettant d'abord de côté le signe final, il nous reste deux noms qui commencent tous les deux par le groupe

qui se lit indubitablement SR, pour SAR. Ces valeurs alphabétiques, fixées à l'aide de l'analyse des noms connus des rois achéménides, s'accordent parfaitement avec les résultats de déchiffrement obtenus et publiés récemment par M. Isidore Löwenstern, auquel appartient l'honneur d'avoir le premier publié un travail sérieux sur l'écriture cunéiforme assyrienne. Le mot SAR se retrouve en composition dans beaucoup de noms assyriens, tels que le nom שראצר, du fils de Senakherib ou Senakherim, ou que le nom נרגל שראצר, du roi Neriglissor. Comme נרגל est le nom d'un dieu des Cuthéens, il s'ensuit que ce nouveau nom signifie Nergel, prince du feu. Nous trouvons encore dans la Bible סרגון, Sargon, pour nom d'un roi d'Assyrie ; et enfin le radical hébraïque שיר et sa forme השיר signifient *principatum tenere, principem constituere.*

N'est-il pas naturel de chercher dans ces différents mots les traces du groupe SAR, qui se trouve placé au commencement de nos deux noms? Voyons ce qui arrive si nous en faisons abstraction de part et d'autre. Nous avons alors pour le premier

Kh. S. R,

et pour le second

P. R., et quelquefois PIR.

On en conviendra, voilà un bien singulier hasard qui nous donne des noms si voisins des deux noms Khinzer et Pir de la liste de Ptolémée.

Poursuivons notre comparaison des noms assyriens retrouvés et des noms donnés par le chronographe.

Iloulæos est le nom du successeur de Khinzerus et de Pirus; or le nom assyrien que nous trouvons en cette place, le voici :

il se lit

IR? RI.

Malheureusement le troisième caractère de ce nom nous est encore inconnu. Mais si par hasard il représentait un son tel que O, OU, U, nous aurions lettre pour lettre notre nom Ιλουλαιος; car personne ne réclamera sérieusement, je le pense, contre l'identification des deux liquides L et R, si constamment remplacées l'une par l'autre dans tant d'idiomes.

Reste enfin le nom du père de ces différents princes. Ce

nom est écrit Ναβιος dans George le Syncelle; or, dans les textes assyriens, je trouve, à la place correspondante, le nom

[cuneiform]

Des trois lettres qui composent ce nom, la dernière seule nous est connue, c'est un A. La première peut être un N; mais comme elle se retrouve dans l'écriture médique, étudiée par Westergaard, où elle comporte la valeur Z, et comme beaucoup de lettres sont communes aux deux systèmes médique et assyrien, il semblerait assez naturel d'appliquer ici la même valeur à ce caractère. Celui du milieu nous est encore inconnu; mais si c'était un B, ce qui est fort possible, nous aurions un nom NBA ou ZBA; dans certaines variantes, NBAIA ou ZBAIA, si c'est la seconde forme qu'il faut adopter. On peut remarquer que le nom Ναβιος des listes ne diffère du nom Ζαβιος que par un simple redressement du Z initial; redressement qui a pu très-bien être opéré par un copiste maladroit. Mais ce ne sont là que de pures hypothèses.

Le prédécesseur du Nabios des listes se nomme Salmanasar, et rien ne prouve que ce nom se soit fidèlement transmis jusqu'à nous. Or le nom assyrien correspondant est écrit

[cuneiform]

Nous avons donc un nom de quatre lettres, dont la deuxième seule est inconnue. Les trois autres sont S?AN. Je ne me permettrai pas de faire d'hypothèses sur la véritable lecture de ce nom, et je me bornerai à faire observer que si par hasard le second caractère était un M, nous aurions un nom

SAMAN, à la fin duquel il suffirait d'ajouter le titre SAR pour l'identifier à la liquide près, qui doit être placée après la première articulation, avec le nom cherché de Salmanasar. Je me bornerai à faire observer que ce même nom présente une variante dans laquelle le N qui sert de finale ordinaire, se trouve suivi d'un S ; ce qui nous donne dans ce cas SAMANAS.

Je ne sais si je me suis fait illusion en opérant à l'aide d'hypothèses fort hasardées, je le confesse, une assimilation des personnages fournis par nos inscriptions, avec certains personnages de la liste royale de Ptolémée. Mais comme ce résultat n'est absolument que secondaire, s'il venait à m'échapper, par une analyse ultérieure et plus complète des noms en question, je me consolerais très-facilement, en pensant qu'il restera démontré qu'une liste chronologique d'au moins dix rois antérieurs à la chute de l'empire assyrien nous est fournie par l'étude des inscriptions que Schulz avait recueillies à Van et dans les environs de cette ville.

Enfin, les mêmes inscriptions m'ont fourni un second fragment généalogique qui a beaucoup moins de valeur, car il n'est établi que par deux citations empruntées aux inscriptions II et XLII de Schulz.

Il me semble d'ailleurs que les personnages qu'il concerne sont des rois contemporains de ceux dont je viens de m'occuper tout à l'heure, peut-être des satrapes ou des tributaires. Quelque jour cette question sera, je l'espère, résolue.

Tout à vous de cœur.

F. DE SAULCY.

20 juin 1847.

II.

Mon cher ami,

Vous le savez, en abordant les épigraphes assyriennes, je me suis mis tout d'abord à la recherche des noms propres de rois; en voici quelques-uns que je viens de retrouver, et dont l'un a tout au moins le mérite de bien établir que nous devons avoir confiance dans la listé des rois de Chaldée donnée par Ptolémée, et d'après lui par George le Syncelle.

Dans les inscriptions originales et moulées qui se trouvent au Louvre parmi les inappréciables trésors que notre cher Botta a eu le bonheur d'arracher au sol de Ninive, existent trois noms royaux seulement. Les deux premiers sont au revers de l'un des grands bas-reliefs. Le troisième se lit dans l'une des inscriptions du taureau de droite. Voici ces noms :

1.

2.

3.

Commençons par le second.

J'ai cent variantes de noms propres qui établissent d'une manière indubitable que le signe est une voyelle simple.

En voici la preuve, une fois pour toutes. Le nom du prédécesseur et père de Khinzerus et de Pirus s'écrit

Inscr. de Van, V, VII, VI, 2ᵉ et 3ᵉ Tablettes du Khorkhor.

Van, VIII.

3ᵉ Tablette du Khorkhor.

De la simple comparaison de ces trois variantes, prises entre les vingt-deux que j'ai recueillies, il résulte : 1° que le signe , interposé à volonté entre les deux articulations et , ne peut être qu'une voyelle ou une aspiration simple;

2° Que le signe , placé lui-même à volonté entre et , est une voyelle;

3° Que ce signe, placé entre deux A, ne peut être lui-même un A, mais doit représenter un autre son.

Ceci posé, notre nom se compose de sept lettres, qui se lisent A, P, R, N, ?, O, ?.

La cinquième et la septième semblent être identiques et représenter deux M. Toutefois, dans le dernier, le clou horizontal du milieu traverse le clou vertical. Est-ce là un caractère distinctif? C'est indubitable, à mon avis; car ce fait se reproduit trop souvent, et toujours à point nommé, pour qu'il en soit autrement. Maintenant, si nous nous rappelons que le M de valeur indubitable est écrit avec le clou horizontal supérieur beaucoup plus allongé, et que le D de Darius, écrit , semble composé de deux lettres mariées en monogramme, dont la seconde ne serait que la partie antérieure du signe , S, ce qui nous donnerait pour le son de ce D quelque chose de plus doux, et tirant sur le ذ ou le ظ arabe, nous sommes presque amenés à considérer comme un D simple le signe isolé, ne différant du M bien défini que par l'égalité des trois clous horizontaux. Supposons que ceci soit réel, notre cinquième lettre devient un D.

Reste à examiner la septième, si voisine de forme du M et du D encore un peu hypothétique, dont je viens d'admettre l'existence.

Le nom de Cyrus, écrit KRS, se termine par le signe celui-ci est donc un S. Quand les trois clous horizontaux traversent le clou vertical, notre signe devient donc un S. Ici, dans notre nom de Khorsabad, le clou du milieu traverse seul le clou vertical; mais l'intention du graveur n'est pas douteuse, il a voulu distinguer la lettre finale du D ou M ordinaire. Admettons donc la valeur S pour cette lettre, et voyons ce que nous obtenons ainsi : notre nom se lit alors

APRNDOS.

Ce nom se trouve sur les moulages numérotés 3, 5, 7 et 13, au Louvre. Il y a bien près, on en conviendra, de ce nom à celui d'Aparanadisos ou Aporanadisos de la liste de Ptolémée.

Passons au premier : c'est celui du roi dont les hauts faits guerriers sont retracés dans les bas-reliefs historiques de

Khorsabad. Ce nom serait bien important à retrouver; malheureusement, il faut pour le lire en deviner la moitié, et, jusqu'à ce que les valeurs que j'attribue d'instinct aux signes encore indéterminés, soient confirmées par d'autres lectures indubitables, ce nom restera fort obscur.

Il se présente sous deux formes distinctes : dans la première, il se compose de trois groupes; dans la deuxième, de deux groupes seulement. Dans le premier groupe, qui est évidemment complexe, et qui n'est pas toujours exprimé, d'où je conclus qu'il ne fait pas partie intégrante du nom cherché, nous retrouvons le signe ⊢𒀸⊢ qui, dans l'écriture médique, est un R, et qui, dans le catalogue des variantes de Botta, permute avec un R. La partie supérieure du groupe se compose des signes suivants

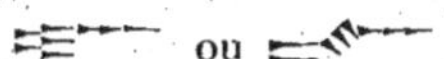

parmi lesquels plusieurs lettres sont très-probablement représentées. Je n'essayerai pas encore de dépecer cette ligature. Le signe initial du véritable nom est le K du nom Khinzerus. Mais cette lettre se trouve surchargée des signes ⊢𒐖 placés en avant du 𒆠 simple, et qui, sans aucun doute, en modifient la prononciation. Plus tard, il faut l'espérer, nous retrouverons le rôle de ces signes préfixes, et qui semblent faire partie de la lettre R ⊢𒐖𒌋𒁹 .

Quant au dernier signe ⊢𒌋𒁹, il m'est totalement inconnu encore; d'instinct, je le crois un N. S'il en était ainsi, nous aurions le nom KHN ou RKN, qui, à la rigueur, peut se comparer avec l'Arkeanus de Ptolémée, roi qui n'a régné que cinq ans avant Aporanadisus. Ce serait lui qui aurait commencé le palais de Khorsabad. Remarquons que ce nom assyrien, qui se lit ainsi Khon, ou Gon, deviendrait bien voisin du nom Sargon de la Bible, si, ce qui est très-possible, le groupe initial qui comporte un R, et signifie roi, pouvait se lire SAR, mot qui doit signifier roi. Sargon et Arkeanus, Asarhaddon et Isarindinus, pourraient être ainsi rapprochés l'un de l'autre; mais ce n'est là qu'une pure hypothèse.

Passons au troisième nom.

La première lettre est une voyelle A, ou mieux E ou I; la deuxième un S; la troisième est inconnue encore; la quatrième est un A; le groupe suivant semble se composer de deux ou trois lettres encore inconnues; la dernière lettre du nom est un A. Récapitulons ce que ce nom nous offre de lettres :

IS? A??A.

Peut-être avons-nous là le squelette du nom du roi Isarindinus, qui a régné treize ans après Aporanadisus. Je voudrais que cette hypothèse se confirmât, mais je n'ose l'espérer. Si nous avions la valeur du signe 𒈫 et si c'était R, tout le reste de cette leçon deviendrait presque probable.

Quoi qu'il en soit, la lecture du nom de l'Aporanadisus du canon de Ptolémée me paraît satisfaisante; et, si je ne me trompe pas, nous pouvons, à très-peu d'années près, fixer maintenant la date du palais de Khorsabad.

F. DE SAULCY.

30 juin 1847.

III.

Mon cher ami,

Le fameux caillou de Michaux, conservé au Cabinet des antiques, nous offre deux noms royaux, dont l'un est répété deux fois, lignes 9 et 11 ; et l'autre ne se lit qu'une fois, ligne 13. Voici ces noms :

L. 9. [cuneiform]
L. 11. [cuneiform]
L. 13. [cuneiform]

Il serait bien important de les déchiffrer ; essayons. La première lettre du premier est l'initiale du nom d'Hystaspe, le Vichtaçpa des inscriptions persanes. Cette lettre est une ligature fort transparente des lettres NS. Nous savons que, pour rendre le son D de Darius, les Égyptiens écrivaient NTARIOS. En peut-il être de même pour le son G doux que les Assyriens auraient formé à l'aide du N et du S liés. Je suis presque tenté de le croire, en voyant que la deuxième lettre du même nom Hystaspe est la suivante [cuneiform], obtenue par la contraction en ligature des deux lettres N et T, de telle sorte que la prononciation assyrienne de ce nom, écrit NSINTAZP, aurait été quelque chose comme Gydazpe. Je le crois pour mon compte, mais ne prétends en rien le faire croire aux autres. Quoi qu'il en soit, le second caractère , Botta nous a appris qu'il est l'homophone très-fréquemment employé du signe dont la valeur O, OU est indubitable. Le troisième signe ressemble trop bien au signe qui est un S ou un SCH, dans le nom Xerxès, pour ne pas lui donner ici la même valeur. Le quatrième ne m'est pas connu; la lettre connue, dont il se rapproche le plus, est le D médique, , dont la forme assyrienne est et à Van . Le signe qui vient après m'est également inconnu. Pour la disposition des traits, la lettre connue, la plus voisine, est le K du nom assyrien de Cyrus ; celui-ci diffère néanmoins de notre caractère par la direction des quatre clous formant le cadre, et par les trois petits clous horizontaux remplaçant les deux petits clous analogues du K de Cyrus.

Vient enfin la voyelle E ou I, dont l'adhérence au nom cherché est loin d'être démontrée, puis une ligature dont la première composante est encore le N. Récapitulons, nous avons

$\overline{NS}$ O S D K I.....

ou bien

Z O S D K I.....

Il ne nous reste qu'à intercaler deux voyelles pour avoir un nom

NSAOSDOUK..... ou ZAOSDOUK,

qui se rapproche si bien du Σαοσδουχινος de Ptolémée, que j'éprouve fortement le désir d'identifier ces deux noms.

Quant à celui de la ligne 15, je dois prudemment me borner à en constater la forme, sans essayer encore de le lire.

F. DE SAULCY.

6 juillet 1847.

LETTRE

A M. AD. DE LONGPÉRIER

SUR UNE INSCRIPTION ASSYRIENNE

RECUEILLIE PAR SCHULZ AU CHATEAU DE VAN.

(N° VIII. Inscription du Khorkhor, sur le rocher à droite en entrant, à la porte.)

Mon cher Adrien,

Je crois avoir fait un pas en avant dans le déchiffrement de l'écriture assyrienne, et je m'adresse à ton amitié pour savoir ce que je dois espérer ou craindre à propos du travail que je viens d'achever : lis-le et juge-le, ce sera me donner une bonne preuve de plus de ton affection.

Tu sais combien deux circonstances récentes ont stimulé le désir de posséder la clef des textes cunéiformes assyriens.

Je veux parler de la découverte du palais de Khorsabad et des trésors épigraphiques qu'il recelait, puis de la découverte des deux palais de Nimroud, dont les dépouilles enrichiront bientôt le musée Britannique.

Puisque les textes persans des inscriptions trilingues des Achéménides n'avaient pu résister aux patientes recherches des philologues, nous nous le sommes dit souvent, on était presque en droit d'espérer que l'on parviendrait quelque jour à pénétrer de même le sens des écritures cunéiformes des deux autres systèmes. Mais le déchiffrement du système assyrien devenait avant tout désirable, puisqu'il était évident que ce déchiffrement doterait la science historique de nombreuses pages se rapportant aux fastes de l'un des peuples les plus illustres de l'antiquité. En voyant les efforts tentés sur ce terrain nouveau par des hommes d'élite, qui regardent comme un devoir d'appliquer toute l'intelligence dont ils sont doués à la recherche de ce problème, nous avons pensé tous les deux qu'il y aurait toujours beaucoup d'honneur à travailler en si bonne compagnie, dussions-nous échouer complétement là où de plus heureux réussiraient. J'ai donc entrepris, de mon côté, de soulever un coin du voile qui recouvrait cette écriture mystérieuse. Ai-je besoin de te dire que je ne me suis laissé rebuter par aucune des difficultés dont la voie à suivre était hérissée. J'ai poursuivi avec persévérance les résultats les plus minces en apparence, parce que j'étais, comme toi, persuadé que, pour arriver à la solution du problème, toute observation juste, de quelque petit intérêt qu'elle fût, deviendrait utile en temps opportun. En croyant arriver à quelque chose de mieux que des hypothèses, me suis-je fait illusion? C'est à toi que je demande de m'en avertir, s'il y a lieu.

Depuis plusieurs années, les inscriptions de Van, recueillies par Schulz, avaient été publiées dans le Journal de la Société asiatique; mais jusqu'à présent aucun travail sérieux qui les concernât n'avait été mis au jour. Les inscriptions de Khorsabad, récemment découvertes par M. Botta, étant étudiées en ce moment même avec un succès incontestable par mon savant confrère M. E. Burnouf, dont les leçons et l'amitié ne nous ont jamais fait défaut, j'ai pris dès l'abord le parti de m'en tenir à l'examen exclusif des inscriptions de Van, et je l'ai fait d'abord, non pas avec l'espoir de parvenir à en éclaircir le sens, mais bien avec le vif désir d'aider de plus habiles à résoudre la question, en leur épargnant les ennuis et les difficultés des premières tentatives.

Tu sais comme moi, mon cher Adrien, qu'il suffit d'une étude superficielle des textes pour constater deux faits patents : c'est que les noms propres d'hommes sont précédés d'un clou vertical la pointe en bas, et les noms géographiques de trois clous inclinés de gauche à droite. M. Rawlinson n'a donc fait que proclamer deux vérités, que tous ceux qui se sont occupés de la question avaient reconnues dès le premier jour de leur travail, et que MM. Lövenstern et Botta avaient signalées d'ailleurs dans les travaux qu'ils ont publiés. Aujourd'hui, je crois avoir lu mieux que des noms propres d'hommes ou de lieux; j'espère avoir déchiffré et compris une inscription entière, et je me hâte de te soumettre ces résultats, pour te montrer, si j'ai réussi, qu'on peut, même sans le secours de l'inscription trilingue de Bisitoun, arriver à quelques bons déchiffrements, ou pour provoquer de ta part, s'il y a lieu, la juste rectification des erreurs que j'aurai commises de bonne foi.

Avant de te parler de cette inscription et du sens que je lui attribue, je dois te rappeler qu'après avoir opéré la comparaison et le dépouillement de toutes les inscriptions recueillies par Schulz, j'ai pu en extraire la généalogie des différents souverains dont les noms sont insérés dans ces inscriptions. Tous ces noms se relient entre eux, et forment une suite non interrompue de dix personnages qui ont successive-

4

ment occupé le trône. Parmi ces dix personnages, j'ai cru reconnaître les cinq premiers rois du canon de Ptolémée, placés précisément dans le même ordre, c'est-à-dire, Salmanasar, puis Nabios, ou mieux Zabios, puis les deux fils de celui-ci, Khinzerus et Pirus, se partageant le pouvoir suprême; et enfin Ilulæus, leur successeur. Aucun fait jusqu'ici n'est venu me faire douter de la valeur de ce lambeau généalogique, dont je crois la rédaction rigoureuse; mais je suis tout prêt à faire bon marché de la comparaison des noms qu'il fournit avec certains noms royaux du canon de Ptolémée.

Après m'être occupé des noms de souverains insérés dans les inscriptions de Schulz, j'y ai recherché avec le même soin les noms géographiques, et j'en ai dressé un catalogue que je crois complet. Parmi ces noms, il en est un certain nombre qu'il est facile d'assimiler à des noms de pays, de villes ou de peuples connus d'ailleurs. Je te citerai pour exemples les suivants :

Irân, de l'Iran.
Ionan, de l'Ionie.
Ouwasan, de la Susiane.
Rouran, des Loures.
Gebusa, des Jébuséens.
Amon, des Ammonites.
Mada, des Mèdes.
Zaraka, des Zarangues.
Kurdah, des Curdes.
Assour, de l'Assyrie.
Sirakai, de la Syracène.
Mazân, de la Mésène.

Mesrahouan, des Égyptiens.
Casr Mousa, de la ville de Mouch.
Sakaha, des Saces.
Ran, du pays de Ran.
Khachan, de Khachan.
Aban, du pays arménien d'Aba.
Gehon, de Gaïen ou Gaïean, du pays de Koukar.
Arian, de l'Ariane.
Khoï, du pays de Khoï.
Et enfin Ni, de la ville d'Ani.

Je me bornerai à te faire observer ici que les noms de peuples se présentent presque toujours précédés d'un mot qui se lit Kaouar, et qu'il me paraît naturel de considérer comme étant le mot arménien գաւառ, province. D'autres sont suivis d'un mot qui se lit Pour ou Bour, et cette fois encore je crois retrouver le mot arménien փոր vallée (1). De ces deux faits isolés j'avais cru permis de conclure que les textes présenteraient beaucoup de mots conservés dans la langue arménienne; mais, ainsi que tu vas le voir, cette présomption ne s'est pas vérifiée; car dans le texte de vingt lignes dont je vais maintenant te parler, je n'ai trouvé que

(1) Tu as le premier fait connaître la lecture indubitable du mot Casr, château fort, placé devant quelques noms de lieu. Je suis d'autant plus disposé à regarder cette lecture comme bonne, que j'ai la satisfaction de m'être rencontré sur ce point avec toi; il y a là, ce me semble, une sorte de contrôle, ou, si l'on aime mieux, une coïncidence qui ne peut être l'effet du basard.

deux mots qui paraissent se rapprocher de mots arméniens, plutôt que de mots chaldéens ou hébraïques : ce sont les mots ղօր, force, vigueur, valeur, et է, Dieu, être. Mais n'anticipons pas.

L'inscription dont j'ai entrepris le déchiffrement porte le nº VIII dans le recueil de Schulz ; elle est désignée par lui comme se lisant sur le rocher à droite de la porte du Khorkhor. Cette inscription se compose de vingt lignes, contenant chacune de sept à dix signes seulement. Un certain nombre de ces signes est aujourd'hui déterminé par des recherches de détail qu'il serait superflu de rappeler ici. Mais il s'en trouve quelques-uns dont la valeur me semble découler de leur position dans des mots dont la signification résulte du contexte, avec une probabilité suffisante. Il y a donc une distinction à faire entre les lettres de valeur certaine et celles dont la transcription n'est encore qu'hypothétique. Je vais prendre successivement les vingt lignes de l'inscription, et je m'efforcerai de justifier le plus brièvement possible la lecture que j'ai cru pouvoir adopter pour chacune d'elles.

LIGNE 1re.

Bien que la copie de Schulz ne donne pas pour signe initial le clou vertical indice des noms propres, il n'est pas possible de méconnaître dans cette ligne l'un des noms royaux qui se rencontrent le plus fréquemment dans les inscriptions de Van. Le nom de ce prince se lit Sarkhizereh. J'ai déjà constaté, dans un mémoire communiqué à l'Académie, que ce personnage avait occupé le trône avec un autre prince issu du même père, et dont le nom se lit Sarpir. Sar, de l'aveu de tout le monde, signifie prince ou roi; c'est là un fait qu'il n'est plus guère possible de révoquer en doute. Si donc, de chacun des noms de ces deux princes régnant ensemble, nous retranchons la syllabe initiale Sar, qui peut n'être qu'une qualification, il nous reste deux noms : Khiser et Pir, qui présentent, on en conviendra, une bien étroite analogie avec les noms Χινζηρος et Πωρος ou Πιρος, de deux princes du canon de Ptolémée, lesquels ont partagé la puissance suprême, comme le Khiser (1) et le Pir des inscriptions de Van. Cette première ligne est terminée par un groupe de quatre clous placés obliquement, un d'abord, et trois sur la même ligne. Je suis aujourd'hui convaincu que ce groupe n'est qu'un signe de ponctuation; la direction des clous qui le composent ne rappelle-t-elle pas d'ailleurs l'usage du clou oblique isolé, qui, dans les textes persans des inscriptions trilingues, sert à séparer les mots les uns des autres? L'avant-dernier signe du nom en question n'est pas correctement reproduit dans la copie de Schulz; mais la fréquence même de ce nom dans les inscriptions de Van autorise pleinement à lui rendre sa véritable forme. En définitive, cette première ligne se transcrit en lettres hébraïques סרחצרה׳, et tu vas voir que ces valeurs, une fois adoptées, ne subiront plus la moindre modification essentielle, quand il s'agira de transcrire les lignes suivantes.

---

(1) Si nous admettons, en effet, avec le docteur J. Oppert la possibilité de l'existence d'un anousvâra sur l'ι de ce nom, nous avons, lettre pour lettre, notre nom χινζηρος.

LIGNE 2.

Nous y retrouvons le nom du personnage qui, dans toutes les inscriptions de Van, appartient au père des deux frères Khiser et Pir. Dans le canon de Ptolémée, ce prince s'appelle Ναϐιος ou Ναδιος; la forme n'en est pas constante dans les manuscrits ni dans les diverses éditions. Le premier signe de ce nom présente bien une certaine analogie avec la forme la plus simple de l'articulation N; mais comme, dans l'écriture médique, Westergaard a constaté que ce signe comporte la valeur de notre Z, il est permis de conserver quelques doutes sur sa véritable transcription, jusqu'au moment où quelque mot significatif, d'interprétation certaine, viendra fixer la valeur réelle de ce caractère. Remarquons d'ailleurs que si les copistes, en transcrivant le canon de Ptolémée, ont pu se tromper en écrivant, les uns Ναϐιος et les autres Ναδιος, le plus ancien d'entre eux a pu également se tromper sur la première lettre, et d'un Zita initial faire un Ni par un simple redressement de ce caractère. La seconde lettre du nom n'est pas rigoureusement déterminée, mais elle peut parfaitement être un B; et dès lors il me semble assez naturel de voir cette articulation dans le caractère en question, précisément à cause de la forme du nom porté par le père des deux princes corégnants Khinzeros et Piros. En résumé, nous avons ici un nom qu'il faut lire Naboua ou Zaboua. C'est là la forme complète de ce nom, lorsqu'il se trouve suivi lui-même du nom de son père. Ce nom est terminé par un groupe de trois lettres, qui se lisent KNI, et du signe de ponctuation dont j'ai parlé précédemment. J'ai cru d'abord que cette terminaison KN ou KNI, que je trouve très-fréquemment à la suite des noms royaux dans les inscriptions de Van, pourrait être considérée comme représentant le titre royal lui-même, et comme se rapprochant des mots Keï, Kaan, Khan, Kœnig, King, etc., représentant l'idée de royauté dans tant d'idiomes différents. Mais deux observations, toutes matérielles, m'ont promptement fait abandonner cette opinion séduisante. 1° Jamais cette terminaison ne se trouve à la suite d'un nom royal isolé; 2° quand deux noms royaux sont placés à la suite l'un de l'autre, la terminaison en question ne se trouve jamais exprimée qu'après le nom du second prince nommé, c'est-à-dire, qu'après le nom du père. Je n'hésite donc plus maintenant à reconnaître, dans cette terminaison, une sorte de désinence indice des noms propres placés au cas qui désigne l'ascendance par génération.

La seconde ligne se transcrit en caractères hébraïques :

נבואכני ou mieux זבואכני

LIGNE 3e.

Le cinquième signe de cette ligne est seul indéterminé encore; il est du reste évidemment composé; et comme les deux caractères qui le formeraient sont indubitablement un R et un M, nous allons essayer si la présence d'une ligature de ce genre peut se trouver à cette place. En l'admettant, nous avons pour transcription complète de cette ligne, les mots :

אזי ארמוי

Chacun d'eux commence par un aleph; il est donc assez

naturel d'attribuer à cet aleph initial le rôle de l'article. Cette supposition est d'ailleurs légitimée en quelque sorte par la présence de ce même article dans les textes phéniciens. Ceci posé, et les deux articles mis à part, il nous reste deux mots זי et רמו dont il est assez facile de se rendre compte. Le radical זהה signifie *splenduit*; de là le mot chaldéen זיו, qui signifie *splendor*. אזי peut donc très-bien signifier le splendide ou le resplendissant. רמו se rattache certainement au radical ראם, *altus, exaltatus fuit*, en chaldéen, רום, *altum, excelsum, sublime esse, magnificari*. Notre mot se traduit donc : le très-haut, le sublime; et la ligne entière nous offre le sens : le resplendissant, le sublime.

LIGNE 4.

Dans cette ligne, le troisième signe est indéterminé; tous les autres ont des valeurs déjà connues, et leur transcription nous donne les mots

הן ?ד עזהי

Les deux premières lettres forment très-probablement un pronom de la troisième personne masculin singulier, en chaldéen le pronom pluriel de la troisième personne étant הנון pour le masculin, הנין pour le féminin, il n'y a rien que de très-naturel à voir la forme du singulier de ce même pronom dans notre mot הן. D'ailleurs, en syriaque, AN est précisément la forme de ce pronom. Rien ne prouve que le troisième signe de cette ligne soit correctement copié, bien qu'il soit très-nettement tracé dans la copie de Schulz. Quoi qu'il en soit, j'ignore entièrement sa valeur, et je ne pourrai faire que des hypothèses sur son compte, en attendant que ce caractère se trouve déterminé par quelques exemples bien précis. Si c'était un ח, par exemple, nous aurions le mot חד, forme chaldéenne du mot אחד, *primus*. Vient ensuite le groupe עזהי, dans lequel je crois reconnaître le mot עז, *robur, potentia, majestas, gloria*, suivi du pronom possessif masculin singulier הי. Nous aurons ainsi une phrase toute naturelle : Lui, le premier par sa gloire, pour : Il est le plus glorieux des hommes.

LIGNE 5.

Cette ligne se transcrit

ארם׳ סעדהי

סעד signifie *fulsit, suffulsit*; en chaldéen, סעד a le même sens, *adjuvit*; en arabe, سعدة signifie bonheur. Je n'hésite donc pas à trouver dans cette ligne le sens suivant, en admettant que le pronom הן s'y trouve sous-entendu :

Il est le plus élevé par son bonheur.

LIGNE 6.

La forme de cette ligne est exactement la même que celle de la précédente ; elle se transcrit :

אהם׳ אהניה

Le premier mot signifie encore : Le plus élevé (lui étant toujours sous-entendu); le second comporte probablement l'article א; et s'il en est ainsi, il nous reste un mot, הניה, dans lequel je suis bien tenté, par l'analogie, de voir une inversion des deux derniers signes, lesquels formeraient ainsi le pronom possessif déjà vu à la suite de plusieurs mots. Resterait alors le mot הן, qui devient alors bien voisin du mot הון, *divitiæ, opes*. Le sens de notre sixième ligne est donc : Le premier (lui sous-entendu) par ses richesses.

LIGNE 7.

Cette ligne se transcrit ainsi :

הן דודהי

Nous y retrouvons le pronom de la troisième personne masculin singulier, puis le mot דוד suivi du pronom possessif הי. Or, דוד signifie *amor* et *amavit*; le sens est donc : Lui, son amour.

LIGNE 8.

Cette ligne se transcrit de la manière suivante :

E ודי וד הער

La première lettre de cette ligne représente, à elle seule, un mot dont le sens est double. Ceci est rendu manifeste par les textes trilingues des Achéménides, qui commencent tous par la phrase : Ormuzd est un grand dieu, ou le plus grand des dieux. Les idées *est* et *dieu* y sont représentées par une seule lettre, qui doit nécessairement se prononcer E. Or, en arménien, le monosyllabe Է signifie à la fois dieu, ὁ ὤν et être. Il est donc tout naturel de retrouver le mot arménien en question dans le monosyllabe assyrien, qui se prononce et se traduit de même.

Je transcris donc le premier caractère assyrien de notre huitième ligne par la lettre arménienne Է, à laquelle j'attribue nécessairement ici le sens *est*, puisqu'il ne peut être question d'une divinité, comme le démontre le contexte.

Ceci posé, nous avons ensuite le mot ודי, dans lequel je n'hésite pas à retrouver le radical אוד, *durus, validus fuit ;* d'où מאד, *robur, vehementia.*

Le mot suivant est le même, sauf l'absence du jod final. C'est peut-être le participe du même verbe.

Vient enfin le mot הער, dans lequel je vois l'article ה et le mot עיר ,ער, *urbs, patria.*

Notre ligne huitième me paraît donc former le sens : Est la force de la patrie. Cette ligne sert donc de complément à l'idée nécessairement incomplète que contient la ligne précédente. Le sens des deux lignes réunies est ainsi : Lui, son amour est la force du pays ; en d'autres termes : Son affection est la force du pays.

L'inscription XLII de Schulz me fournit une phrase différente, dont la lecture me paraît néanmoins vérifier celle que je viens de proposer ; elle occupe les lignes 31, 32 et 33 ; la voici :

Ce passage se transcrit : הן דודי ארמ׳ ודי׳ E ודידהי׳ ZOR ערנן Lui, son amour est le comble de la force. Sa force est la puissance de notre pays. On le voit, les idées restent les mêmes, mais la tournure des phrases a été modifiée, voilà tout.

LIGNE 9.

Cette ligne, dont les mots nous sont déjà connus, se transcrit :

ארמי ודיי

Très-probablement le pronom הן y est encore sous-entendu, et il faut traduire : Il est le premier par la force.

LIGNE 10.

La transcription nous donne :

ודיהיי זור

Les deux premiers mots ont été analysés; reste le dernier, זור, dans lequel je crois permis de retrouver l'arménien *qop* force, vigueur, puissance. Nous avons donc le sens : Sa force est une puissance.

LIGNE 11.

A partir d'ici se présentent quelques difficultés, tenant à l'incertitude où nous sommes touchant la valeur de quelques signes.

Le commencement de la ligne à laquelle nous sommes parvenus se lit :

ארמי חיה

et se traduit sans difficulté, en sous-entendant toujours le pronom personnel : Il est le plus élevé par la vie, ou par l'énergie; car on peut entendre aussi bien l'un que l'autre. La fin de cette ligne comporte ensuite quatre signes, dont le troisième est de valeur inconnue; les autres sont הב ? ן. Nous reviendrons à ce mot indéterminé en parlant de la ligne suivante.

LIGNE 12.

Cette fois encore le second signe est de valeur inconnue; tout le reste se lit :

י ? נן E ודהי

Voici la seule hypothèse à laquelle j'ai cru pouvoir m'arrêter, mais avec une réserve absolue. Guidé par la forme des deux signes inconnus en question, je lis provisoirement, sans me dissimuler qu'il y a contre cette lecture une difficulté réelle dans la présence de l'article ה placé devant le premier substantif :

הבטן יפנן E ודהי

Le centre, ou l'origine de notre splendeur est sa force.

Je le répète, je ne tiens en aucune façon à cette lecture purement hypothétique; ce dont je crois être sûr, c'est que le pronom possessif de la première personne du pluriel est bien, comme ici, représenté par un groupe suffixe de deux N.

LIGNE 13.

Cette ligne se transcrit :

עזהי הר אוהי

et se traduit : Son désir est d'illustrer par sa gloire.

Je rapproche naturellement le groupe הר du verbe האיר, *illustrare*, forme hiphil du radical אור, *illucescere*. Quant au mot או, c'est, je crois, le substantif או, *desiderium, concupi-*

scentia ; provenant du verbe אוה, vouloir, désirer, souhaiter.

Il est clair que cette phrase ne pourrait se terminer ainsi; il faut un régime au verbe illustrer, et ce régime se trouve en effet au commencement de la ligne suivante.

LIGNE 14.

J'y lis en effet ערנן, que je traduis par : Notre pays. Nous avons donc le sens : Son désir est d'illustrer par sa gloire notre pays.

La ligne quatorzième ne se termine pas là; les cinq derniers signes commencent une invocation formulaire qui se retrouve dans toutes les inscriptions de Van sans exception, c'est-à-dire, pendant un laps de temps qui représente dix règnes successifs; quelquefois cette formule est écrite en abrégé, avec des initiales, comme cela a lieu dans l'inscription dont je m'occupe. Mais ce fait ne peut embarrasser quand on compare toutes les variantes de cette formule religieuse, car on reconnaît aussitôt qu'après le mot Dieu, viennent, dans l'ordre consacré, les initiales des différentes épithètes accolées au nom de l'Être suprême.

Les cinq signes qui terminent notre ligne 14 se lisent :

E אבח'

Dieu ou être, père (peut-être Dieu, son père?).

LIGNE 15.

La transcription nous donne :

signe du pluriel E 'ע E 'ח E.

Après le premier mot E, Dieu, vient un ח. Dans les formules écrites *in extenso*, ce khet est suivi d'un ב ; c'est donc חב qu'il faut lire, c'est-à-dire : Dieu ou être aimant.

Après le second mot Dieu, vient un ע qui, dans les formules non abrégées, est suivi d'un ן ; puis vient le mot Dieux au pluriel. Je regarde ען comme l'équivalent de עין, œil, ou mieux source, parce que ce dernier sens se vérifie un peu plus loin. Nous avons donc, pour la quinzième ligne :

Dieu ou être aimant, Dieu ou être, source des êtres.

LIGNE 16.

Cette ligne se transcrit :

מאן סר החה

Le premier mot, qui se trouve écrit aussi מן dans d'autres inscriptions de Van, est peut-être une forme du radical מנה, *præcepit, constituit, paravit,* lequel, suivi d'un ל , signifie *assignavit.* Nous retrouvons ensuite notre mot סר , roi, suivi d'un ה, puis un ח et un ה. Il est donc possible de voir, dans ce dernier mot, החיה, *vivum conservare :* Ordonne ou assigne au roi la vie pour : Fais que le roi vive.

LIGNE 17.

Les deux premiers signes de cette ligne sont identiques ; mais j'en ignore la valeur. Le troisième est un A ; puis l'invocation recommence par les lettres :

E ען שיהן

Dieu ou Être, source des dons ? שי veut effectivement dire : dons, présents. Mais que faire alors des deux lettres הן qui terminent ce groupe ? Je l'ignore. Il est bien clair que leur présence rend fort douteux le sens que je viens d'adopter, malgré la parfaite convenance de ce sens, eu égard à celui des lignes qui suivent. Quant au groupe des trois premiers signes, je l'abandonne provisoirement.

LIGNE 18.

Cette ligne se transcrit :

צה סרח ארדאן

et se traduit : Ordonne l'abondance de notre terre.

Je rapproche le premier mot du radical צוה : ordonner, statuer, décréter. סרח est le mot hébraïque *abundantia*. Quant au mot ארדאן, je le traduis : Notre terre ; en rapprochant ce mot suivi du pronom possessif, du substantif arabe ارض, terre, en hébreu ארצ. Je rapproche exprès ces deux formes du même mot, pour montrer l'extrême affinité des différentes lettres par lesquelles je transcris le signe D du nom de Darius, et par conséquent la légitimité de ces transcriptions diverses. Tu vois que la leçon צה que j'adopte s'accorde avec l'hypothèse d'une incorrection dans le nom de Nabios, que l'on doit lire Zabios.

LIGNE 19.

La transcription nous donne :

צה הדהן צה ד ou מ ? א

L'avant-dernier signe m'est inconnu. Quoi qu'il en soit, nous lisons : Ordonne notre direction (de הדה, *direxit, tetendit manum*, diriger en tendant la main) ; puis reparaît le mot Ordonne. Le dernier mot se compose de trois lettres, dont la première est un D, peut-être un M, et la deuxième un A. Si la seconde, qui est encore inconnue, je le répète, était un lamed, nous aurions deux mots, דלא ou מלא, également convenables. Le premier en effet, דלה, signifie *extraxit, hausit, exhausit (consilium alicujus), perspexit*. Le second, מלא, signifie *implevit, satiavit (cupiditatem), satisfecit (precibus)*. Or, la ligne suivante commence par le mot אוהי, signifiant : son désir ; c'est donc avec quelque raison que je crois pouvoir deviner plutôt que traduire la phrase qui nous occupe, et qui nous offre le sens : Ordonne notre direction, ordonne l'accomplissement de ses désirs.

LIGNE 20.

Je viens d'en transcrire les quatre premières lettres ; les dernières nous donnent :

ו רם זו

c'est-à-dire : Et le comble de la splendeur.

Récapitulons maintenant, et voyons si le tout semble cohérent. Voici le sens que l'analyse m'a donné : Le roi Khizr, fils de Zabioua, le resplendissant, le très-haut ! Il est le plus glorieux des hommes ! il est le plus favorisé du ciel ! il est le plus opulent ! son affection fait la force du pays ; il est le plus fort ! sa valeur est la puissance ; il est le plus énergique ! sa force est la source de notre splendeur ; sa volonté ferme est d'illustrer notre pays par sa gloire. Dieu paternel, Dieu aimant, Dieu père des êtres, accorde une longue vie au roi. Dieu, source des dons, accorde l'abondance à notre terre ; accorde-nous ta protection ; accorde-lui l'accomplissement de ses désirs et le comble de la gloire.

Je crois cette phraséologie assez simple et assez naturelle, pour espérer que sa nature elle-même ne soulèvera pas de trop fortes répulsions.

Tout à toi de cœur.

F. DE SAULCY.

4 décembre 1847.

POST-SCRIPTUM.

---

11 janvier 1848.

MON CHER ADRIEN,

Une observation toute naturelle de Botta me force de justifier brièvement les corrections que j'ai proposées dans l'analyse précédente, et que je me serais bien gardé de proposer, si je n'avais eu de bonnes raisons pour le faire. Ce sont ces raisons qu'il était tout simple de me demander, et que je suis charmé d'avoir été mis en demeure de fournir. Les voici :

A la ligne première, je n'ai fait que rectifier un nom si fréquemment exprimé dans les inscriptions de Van, que je m'abstiens sans scrupule de justifier cette rectification.

A la septième ligne, j'ai remplacé le signe imaginaire [signe cunéiforme] par le signe réel [signe cunéiforme], parce que dans les inscriptions de Schulz, n° XIII, l. 12, n° XIV, l. 11, n° XIX, l. 9, cette même phrase se retrouve avec la correction que j'ai introduite dans l'inscription dont je me suis occupé.

A la huitième ligne, j'ai remplacé le signe incorrect [illegible] par le signe réel [illegible], parce que ce même groupe, que je lis עירנן, se retrouve correctement écrit aux n°s XIII, l. 14, n° XIV, l. 14, n° XIX, l. 10.

A la neuvième ligne, j'ai, comme à la septième, restitué le signe correct [illegible], parce que les textes des inscriptions n° XIII, l. 13, n° XIV, l. 13, m'imposaient nettement cette correction.

A la dixième ligne, j'ai encore restitué le signe correct [illegible], fourni par les textes des inscriptions n° XIII, l. 13, n° XIV, l. 13, et par celui de la ligne douzième de l'inscription VIII elle-même.

A la douzième ligne, j'ai remplacé le signe [illegible] par le signe correct [illegible], fourni dans l'inscription VIII elle-même, par la ligne 10.

A la quatorzième ligne, j'ai restitué le signe correct [illegible] à la place d'un signe qui ne se trouve que là, et dont l'incorrection, d'ailleurs, est démontrée par la forme du groupe עירנן, puis dans les inscriptions XIII, l. 14, XIV, l. 14, XIX, l. 10, et XLII, l. 33. (J'aurais pu appuyer de même sur le texte de cette dernière inscription les corrections déjà passées en revue.) Quant au second signe que j'ai rectifié dans cette même ligne, il est donné par tant de passages identiques, que je ne pouvais m'attendre à l'ombre d'un doute sur sa forme réelle.

Je me bornerai donc à citer les inscriptions XIII, l. 15, XIV, l. 15, XIX, l. 11, XLII, l. 33.

A la seizième ligne, j'ai remplacé le signe [illegible] par le signe [illegible], qui est fréquent partout ailleurs, et qui me fournissait un sens convenable. D'ailleurs, toutes les fautes évidentes commises dans la transcription de cette inscription VIII me donnaient parfaitement le droit de suspecter la forme de ce signe étrange.

A la ligne 18, j'ai encore restitué le signe [signe cunéiforme] fourni à pareille place par les nos XIII, l. 17, XIV, l. 17, XIX, l. 12, et XLII, l. 35.

Enfin, la correction que j'ai introduite à la ligne 20 m'était imposée par les dernières lignes des inscriptions XIII, XIV, XIX et XLII.

J'espère que ces indications suffiront pour rassurer tout le monde sur les corrections que je ne me suis permises que parce qu'elles m'étaient imposées par la comparaison des textes entre eux. J'espère aussi qu'elles me serviront à démontrer que j'examine, d'un peu plus près qu'on ne veut bien le croire, les textes que j'essaye d'analyser.

Tout à toi de cœur.

F. DE SAULCY.

PARIS. — TYPOGRAPHIE DE FIRMIN DIDOT FRÈRES,
IMPRIMEURS DE L'INSTITUT, RUE JACOB, N° 56.

N° VIII. *Inscription du Khorkhor sur le rocher à droite en entrant à la porte.*

Imp. Kaeppelin & Cie

www.ingramcontent.com/pod-product-compliance
Lightning Source LLC
LaVergne TN
LVHW020242230826
846091LV00006B/2225

* 9 7 8 2 0 1 3 0 7 2 6 5 6 *